글♥그림 도미

은행나무

차례

7	*Lovely Dolls*
25	*WHAT DO U DO*
43	*Eastern Fantasy*
61	*Drifted Clouds*
79	*postcard*
89	에세이

누가 악마일까?

자몽이 좋아

두근두근

보드 타고 출발

럭키데이

줄무늬 토끼

Eastern Fantasy

사랑에 빠졌어

사랑해주세요

Domi WORLD

쌍둥이 Twins 双子

용과 함께

아무래도...

음악과 함께라면... 라면 먹고 싶다

Lovely Dolls

까맣고 폭신한 손으로 악수하는 소녀

   안녕, 나는 ____이야.

하얀 날개에 얽힌 리본을 정리하며
손을 맞잡는 소녀

   안녕, 나도 그래

까만 소녀가 고개를 기울이며 하얀 소녀도
마주 고개를 기울인다

   근데 너는 왜 하얘?
   근데 너는 왜 까매?

서로 너무 닮았지만 너무 다른
자신을 발견하고 마주 웃어버리는

거울 속에 비친 그 천사는
나의 또다른 나

WHAT DO U DO

    미미는 너무 예뻐요

도도가 말했다

    도도는 너무 귀여워요

미미가 말했다

매일 아침 등교하는 친구들은
서로를 손가락으로 마주하며
킥킥 웃으며 장난스럽게 말했다

    미미는 너무 귀여워요

도도가 말했다

    도도는 너무 예뻐요

미미가 말했다

거짓말을 하지 않는 두 소녀의 거짓말
모두가 말하지 않는 둘만의 진실

Eastern Fantasy

상상 속에서만 만나는 친구들을 소개해

가끔은 길게 늘어진 소매를 접어 하얀 손을 내밀고
식어버린 체온을 마주 잡아주는

하나
둘
그리고,
셋 그 이상의

하나 뿐만이 아닌 나의 판타지 속 친구들

금 나와라 뚝딱 하고
주문을 외우면

오늘도 눈을 감으면 나타나는 또다른 나 그리고
또다른 내 친구

금색으로 빛나는 눈을 마주하며
창백한 검지를 들어 쉿- 하고 장난스럽게
비밀이야를 속삭이는

혼자만의 상상

Drifted Clouds

하나가 둘이야
그리고 둘이 하나지

오늘따라 희한하게 천사와 악마는 함께 나타나
시선을 어지럽힌다

그리고 나는 달콤한 것을 좋아하고
그리고 나도 솜사탕도 좋아해

나를 꼭 닮은 그 둘이서 번갈아 말하는 것은
소녀의 안에 감춰진 다른 소녀

천사가 물었다
어제는 어떠했는지
악마가 물었다
내일은 어떠했는지

'나'는 웃으면서 대답했다

모자에 달린 작은 별 하나가
휴대폰에서 울리는 달콤한 멜로디가

오늘도 둘과 함께 하는
너무나도 즐거운 하루일거라고

DOMI
송닷옴

"도미월드에 어서 오세요,
추억이 되는 그림들을 그리고 있습니다."

♡

청강문화산업대학교 애니메이션과를 졸업하고 2018년 8월부터
작품활동을 시작했다.
그해 10월부터 오로시책, 문구 온리전 등 여러 행사를 참가하여
일러스트를 이용한 다양한 상품들을 판매했다.
2021년에는 일본도서 《ニュー・リアルクローズ イラストレーション》
에 참여하고, 일본의 〈ニュー・リアルクローズ イラストレーション
Fashion Illustration Exhibition〉 전시회에 참여했다.
2022년 7월에는 일러스트랩 스티커북 《비비드 패션 연구실》을
출간했다.
그 후로 꾸준히 팝업과 개인마켓을 운영하며 오프라인 행사와
협업 등 활발한 활동을 이어가고 있다.

인스타그램 *@domi__i*

Report 02
:(Story of Persona)

1판 1쇄 발행 2025년 3월 15일

지은이 도미
기획 황혜린
펴낸이 주연선

㈜은행나무
04035 서울특별시 마포구 양화로11길 54
전화 02) 3143-0651~3 ｜ **팩스** 02) 3143-0654
신고번호 제 1997-000168호(1997. 12. 12)
www.ehbook.co.kr
ehbook@ehbook.co.kr

ISBN 979-11-6737-528-5 (14650)
 　　　979-11-6737-526-1 (세트)

• 이 책의 판권은 지은이와 은행나무에 있습니다. 이 책 내용의 일부 또는 전부를 재사용하려면 반드시 양측의 서면 동의를 받아야 합니다.

• 잘못된 책은 구입처에서 바꿔드립니다.